LETTRE

AUX

SAINT-SIMONIENS.

AUX SAINT-SIMONIENS.

LETTRE

SUR

LA DIVISION

SURVENUE

Dans l'Association Saint-Simonienne,

PAR JULES LECHEVALIER.

PARIS.

IMPRIMERIE D'ÉVERAT.

RUE DU CADRAN, N° 16.

1831.

Je n'avais pas l'intention de publier la lettre qu'on va lire; elle a été envoyée, il y a peu de jours, à l'un d'entre nous, éloigné du centre parisien, qui, au milieu de la crise actuelle, s'est adressé à moi pour être éclairé. Je l'avais appelé à prendre part à nos travaux, je lui devais plus qu'à personne ce que je donnerai à tous, la *vérité sans fard*.

Annoncer au monde l'ère nouvelle dont *Henri Saint-Simon* a posé les bases, telle a été l'œuvre que j'ai accomplie avec le plus de foi et d'ardeur, sous la direction de Bazard et d'Enfantin, les chefs de notre premier essai de hiérarchie. J'ai donc pendant le cours de cette année visité plusieurs provinces de France, l'Alsace, la Lorraine, une partie de la Normandie et de la Bourgogne ; partout j'ai formé des liens que je ne veux pas dénouer et assumé une responsabilité que je ne déclinerai jamais. Lorsque, par suite de nos dissidences sur des points fondamentaux de doctrine et de politique, je me suis vu contraint à prendre entre nos deux chefs divisés une position isolée, et de retourner pour quelque temps à l'action individuelle, j'ai fait connaître ma résolution par une *déclaration* publique où j'essayais d'exprimer nettement les liens que je conserve et ceux que j'ai rompus. Dans cette déclaration, je me suis tracé une ligne de travaux qui sera fidèlement suivie.

Mais, aux momens de trouble et d'incertitude, l'impatience est grande; et de toutes parts elle se témoigne à moi par des lettres pleines d'intérêt pour notre œuvre, et d'inquiétude sur notre situation actuelle, qui de prime abord n'est pas facile à comprendre. Je voudrais, en un jour, pouvoir répondre à tous *individuellement*, tant je suis touché et de leur confiance en ma bonne foi, et de leur zèle pour nos croyances ! Mais cette tâche excède mes forces; je suis seul et ne puis suffire à tous les devoirs que j'aurais à remplir : j'ai dû commencer par l'œuvre générale. Je trouverai, j'espère, le temps de venir à tous ceux qui m'appellent : que je vienne tôt ou tard, je les prie de me recevoir toujours comme si je me trouvais à temps.

Cependant je crains qu'il n'arrive à quelques-uns de prendre mon isolement pour une fuite ou un abandon, et mon silence momentané pour de l'inaction. Voici donc quelques explications où je désire qu'on trouve espérance et courage ; l'effet qu'elles ont produit sur celui de nos Saint-Simoniens auquel je les ai particulièrement adressées m'enhardit à les communiquer, faute de mieux, à tous ceux qui, comme lui, ont besoin de lumière et d'éclaircissemens.

En repassant sous ma main avant d'être livrées à l'impression, les idées ont subi quelques modifications, quelques développemens ; mais le fond de la pensée et de l'intention est demeuré le même. Dans l'intimité fraternelle, je me suis donné tout entier tel que je me sentais vivre et croire. Ainsi la principale valeur de ce travail est de n'avoir pas été écrit pour paraître au grand jour, c'est ma conscience prise sur le fait. C'est toute ma conscience de Saint-Simonien, moins quelques expressions d'affection personnelle que j'ai effacées, et le titre de *père*, naguère sacré pour moi, que j'ai séparé du nom des chefs de l'ancienne hiérarchie.

Ce titre allait mal à la situation que j'exprime ; et je n'ai pas voulu compromettre, par une expression dont la valeur est aujourd'hui mise en question pour moi, les sentimens de respect et de reconnaissance qui me lient à tous les deux ; sentimens que je ne perdrai jamais qu'au détriment de mon repos et de l'estime que j'aime à conserver de moi-même.

Et il faut que le devoir me presse, pour que j'élève la voix contre un homme vis-à-vis duquel la calomnie semble avoir acquis une audace et une impudeur inconnues. Mais celui qui vient aujourd'hui condamner, saura aussi se faire entendre, lorsqu'il sera temps de défendre et de justifier : puisse alors sa parole obtenir quelque confiance, en raison même du devoir qu'il accomplit en ce moment !

Non, il ne s'agit ni de débauche ni d'impureté chez l'homme qui ose aujourd'hui sonder toutes les plaies morales de la société actuelle, et qui a eu le malheur de travailler à cette œuvre avec de si mauvais moyens et d'une main si mal assurée. Cet homme peut bien avoir, au contact d'une société sans mœurs et sans lois, et dans la liberté d'une vie voyageuse, émoussé en lui le sentiment de ce qu'il y a d'intime et de délicat dans la vie du cœur ; mais, sous ce rapport, qui donc entre nous peut dévoiler à tous une ame pure de désirs, de paroles ou d'actions ? Ne cherchons donc pas le *vice* là où il n'y a qu'une *grande erreur* et la plus fatale obstination ; et, si vous voulez absolument parler de *vice* et accuser, blâmez une ambition peu scrupuleuse, blâmez l'*orgueil*, maladie de toutes les ames à passions sociales. Mais encore, pour condamner cet orgueil, sachons bien modérer nos discours, car tous, par nos hommages précoces et trop faciles, nous avons contribué à le faire naître.

Que ceux-là donc qui aiment le scandale ne viennent point en chercher ici ; et si, à propos de mes paroles, ils trouvent encore occasion d'en faire, que le scandale retombe sur eux-mêmes.

Hommes et femmes qui partagez nos travaux et qui avez accepté de nous beaucoup de vérités et malheureusement quelques erreurs, Saint-Simoniens,

c'est à vous que je m'adresse ; vous seuls êtes juges
dans cette cause, vous, et toutes les ames nobles,
qui, sans être unies à nous par la communion du
nom et de la doctrine, sont les dignes représentans
de l'humanité devant les prétentions des nova-
teurs, parce qu'elles aiment le bien et travaillent
à le faire. Je vous parle comme aux *miens*, écoutez-moi comme l'un des *vôtres*.

Quant à ceux qui en toutes choses sont pressés
d'arriver aux intentions, et qui, s'offusquant avec
affectation de l'ombre même du désordre, com-
mencent par accuser autrui avant de songer à eux-
mêmes, je les tiens pour tout-à-fait désintéressés
dans ce qui nous concerne ; envers eux je n'é-
prouve que cette *piété sociale* qui me donne la
ferme volonté de les améliorer : car leur pruderie
n'est souvent que la honte d'un vice endurci, et
leur zèle à poursuivre l'erreur, la crainte de trouver une vérité qui les fasse rougir de leur égoïsme.

Paris, 24 décembre 1831.

AUX SAINT-SIMONIENS.

LETTRE

LA DIVISION

DANS L'ASSOCIATION SAINT-SIMONIENNE.

à Curie,

Épître Saint-Simonien, à Mulhouse.

Mon bon ami, j'allais vous écrire au moment où j'ai reçu votre lettre, datée du 28 novembre. Avant de vous parler de nos affaires majeures, j'ai besoin de vous dire que si je n'ai pas répondu à votre dernière, reçue à Metz, vous ne devez vous en prendre qu'aux nombreux travaux de la mission, et à la préoccupation où je me trouvais relativement à nos divisions de famille. En tout cas, croyez que je me suis senti bien fier et bien heureux de vos efforts, de vos progrès. Votre réponse au pasteur G... n'en est pas la moindre preuve.

Venons à ce qui vous alarme et vous effraie. Sans doute, mon ami, nous sommes arrivés au temps de notre épreuve la plus rude; mais, je le pense bien sincèrement, au temps de notre plus grand progrès. Écoutez-moi bien. Vous n'avez été ju-

struit de ce qui s'est passé que par la circulaire de Michel Chevalier, directeur du *Globe* : si je ne respectais pas les intentions d'hommes que je crois momentanément égarés, je vous
dirais de regarder cette pièce comme une mystification, tant
elle présente mal les faits! Vous aurez dû voir la protestation
de Bazard et de ceux qui l'ont suivi ; celle plus grave de Jean
Reynaud ; vous avez maintenant ma déclaration : ne perdez
pas la tête au milieu de ce désordre. Voici la vérité.

Vous devez savoir, et je vous l'ai dit moi-même, que la
mission laissée par Saint-Simon à ses disciples, c'est l'élaboration, le perfectionnement, la réalisation de sa conception
primitive qui doit embrasser l'ensemble des relations humai-
nes. Dans tout ce que je vous ai enseigné en politique,
en religion, en morale, il restait encore à dire beaucoup
plus que déjà nous n'avions donné. Une fois la marche de
propagation bien engagée, nous nous sommes occupés, dans
le collége, de continuer les travaux de perfectionnement. Un
point surtout était resté bien obscur, et dans nos écrits, et
dans ceux de Saint-Simon, je veux dire les relations individuelles d'homme à femme et de supérieur à inférieur ; par
conséquent nous n'avions pas encore touché aux sentimens
les plus profonds et les plus intimes de l'humanité : le mariage, la famille du sang, la famille sociale, la hiérarchie, la
vie future. Depuis long-temps, Enfantin avait sur tous ces
points une théorie assez complète. La discussion s'est engagée
entre lui et Bazard, qui ne partageait pas du tout ses idées.
Olinde Rodrigues et Claire Bazard, je crois, furent seuls ad-
mis à ces débats qui nous demeurèrent secrets. Nos chefs es-
péraient se mettre d'accord par leur propre travail. Dans le
courant de cet été, de guerre lasse, les questions furent por-
tées dans le collége. C'est là que depuis plus de trois mois elles
se sont agitées avec toute la dignité, toute la franchise de l'a-

postolat ; mais avec une énergie et une ténacité vraiment ter-
ribles. Comparés aux nôtres, les débats des assemblées législatives sont bien étroits et bien fades ; car, parmi nous, c'était
les individus mêmes (hommes et femmes) qui apparaissaient,
venant témoigner, chacun selon sa vie passée, de la nécessité
d'une morale nouvelle. Vous saurez bien au long tout ce qui
s'est passé ; nous entrons dans une phase vraiment religieuse
où il faudra que notre vie soit transparente.

Dès le principe, le collége a été divisé en deux fractions,
les uns liés au P. Bazard, les autres liés au P. Enfantin ;
mais un fait important à vous signaler, c'est que presque toutes les personnes attachées à Enfantin par le sentiment de sa
valeur, et aussi par affection personnelle, repoussaient les
théories nouvelles qu'il apportait. Pour moi, ainsi que ma
déclaration l'explique assez nettement, je n'ai pas voulu, tant
que la discussion a duré, y prendre part, sinon pour essayer
de maintenir l'accord, ou tout au moins l'équilibre. J'aurais
désiré qu'on sentît, comme moi, combien ces questions étaient
prématurées ; et que les pères, occupés du mouvement de
propagation si bien engagé, cherchassent, par les formes de
la doctrine, plutôt à rapprocher de nous les hommes avancés
qu'à les éloigner, ce qu'ils ne pouvaient manquer de faire en
creusant trop avant dans l'avenir, et en reproduisant la tradition vieillie et antipathique de la hiérarchie *papale*. Mes efforts ont toujours été vains ; et, sur plusieurs autres points
comme sur celui-ci, j'étais obligé de passer condamnation.
Aussi long-temps que dans cette position j'ai pu conserver
quelque valeur et quelque dignité, j'ai toujours marché ; car
je sentais que nous avions beaucoup à donner au monde, et
qu'il était mûr pour nos grands désirs de réorganisation et
pour les moyens très-imparfaits que nous avions à lui présenter.

Voilà pourquoi, mon ami, vous m'avez vu toute cette année courir comme un homme possédé de l'esprit divin, et semer par toute la France avec abondance et sérénité la parole saint-simonienne. Je nourrissais toujours l'espoir d'une réconciliation, et je n'avais pas senti les choses dans tout ce qu'elles avaient de profond et de radical. Lorsque vous m'avez vu à Mulhouse, en août dernier, les grands débats ne faisaient que de commencer. Vous aurez dû remarquer à mon allure franche, simple et toute de conciliation ; à mes manières beaucoup plus *fraternelles* que pontificales, que je ne marchais pas suivant la tradition extra-poétique de nos prédicateurs. Sur tous les points, c'est là mon *individualité* saint-simonienne ; je blâmais nos illusions, notre facilité à faire les choses *a priori*, notre glorification perpétuelle. Mais je ne pouvais pas sans doute vous faire la critique de la doctrine que je vous enseignais, et de la manière toute prématurée dont on la *hiérarchisait ;* c'eût été peu utile pour vous, et pour moi bien embarrassant. Je me contentais de vous montrer par mes actions, par ma personne, une face qui me paraissait plus humaine, plus française, plus libérale, surtout plus réelle et plus vraie. J'en étais là, et j'ai continué de cette manière à Strasbourg. Dans cette ville j'appris la maladie de Bazard, maladie causée peut-être par ses tourmens de doctrine et par les orages de la discussion ; j'appris, en même temps, la suspension du *Globe* ou du moins la probabilité de cette suspension. Je me décidai à partir subitement ; mais avant de quitter Strasbourg, je reçus une lettre de Duveyrier, m'annonçant que nos deux chefs s'étaient enfin mis d'accord, qu'en présence de tout le collége ils s'étaient embrassés, et que les fils avaient suivi l'exemple des pères. Je fus transporté de joie ; mon utopie était réalisée ; la réconciliation était opérée ; c'était pour moi un fait miraculeux ; et, par ce grand acte, la réalisation de la doctrine me paraissait devenue bien plus prochaine. J'écrivis aux pères une lettre d'enthousiasme, et j'accourus à Paris pour me jeter dans leurs bras.

Grand fut mon désappointement. L'accord rétabli n'était encore qu'un provisoire; les discussions recommencèrent : et moi, ennuyé de ce que j'appelais la *résurrection du bas-empire*, je recommençai mes courses apostoliques, persuadé que j'en savais assez pour faire beaucoup de bien à mes semblables. Pendant que j'étais à Metz, nous reçûmes une circulaire manuscrite, laquelle nous faisait savoir qu'Enfantin, aux acclamations du collége, était devenu chef suprême de la religion ; que Bazard et Olinde Rodrigues s'étaient assis à ses côtés, l'un comme chef du dogme, l'autre comme chef du culte. Si pareil arrangement eût été possible, je m'y serais rallié de bon cœur, et même j'aurais regardé notre hiérarchie comme plus nettement posée et déterminée. Mais tout cet agencement ne me parut encore que du replâtrage ; nulle part Bazard ne voudra être le second , et certes il ne pouvait ni ne *devait*, dans cette circonstance , obéir à Enfantin ; d'ailleurs le dogme n'est guère sa vocation ou son aptitude exclusive. En fait , jamais Bazard n'a donné son assentiment complet à cette forme hiérarchique. Soit faiblesse, soit condescendance (et moi je dis faiblesse !), il a pourtant laissé faire; et Enfantin qui n'a pas pour défaut d'aller trop lentement, surtout lorsqu'il s'agit de prendre du pouvoir, eut bientôt, par les siens, mis toute la famille en mouvement. Bazard fut salué et embrassé comme chef du dogme. Le lendemain il avait protesté contre ce rôle, et s'était résolu à une retraite provisoire pour laisser, disait-il, « la situation se dessiner. » C'est là, à mon avis, son plus grand tort, et de plus un signe d'infériorité : il abandonnait la place. Cependant il engagea les membres du collége qui voulaient le suivre

a reconnaître l'autorité d'Enfantin provisoirement et en attendant son retour. C'était, comme vous voyez, une bien fausse
position en face des degrés inférieurs de la hiérarchie, où le
nouveau chef venait justifier son avénement et annoncer ses
projets pour l'avenir.

En ce moment, j'arrivai de Metz bien peu surpris de
trouver encore une fois dérangé ce qu'on m'avait annoncé comme définitivement arrangé. Je me ralliai provisoirement à celui qui était au *centre* parisien, au pouvoir
actuel, et je me préparai à prendre un rôle. Le 19 novembre
eut lieu la séance générale dans laquelle Enfantin commença
l'exposition de sa doctrine. Ici les protestations se firent pour
la première fois avec éclat : Leroux, Carnot, Dugied, Cécile
Fournel, Henri Fournel, Cazeaux, membres du collége, dé-
clarèrent se retirer avec le P. Bazard. Reynaud déclara demeurer pour protester chaque fois qu'il le jugerait à propos. Enfantin accepta Reynaud dans cette position, et ne pouvant
mieux faire, il lui laissa prendre, et même eut l'air de lui donner ce qu'il appelait une mission de *haut protestantisme*. Moi
je me levai, annonçant la résolution que vous aurez connue
par ma *déclaration*. Je n'étais pas alors aussi calme qu'en ce
moment; mes pensées se pressèrent en foule et en désordre.

Vous lirez peut-être un jour ce que j'ai dit devant la famille assemblée, et j'espère que vous me comprendrez mieux
que la plupart de ceux qui m'ont entendu. Songez un peu à
tout ce qui devait se passer en moi. Pour la première fois, je
venais d'apprécier la situation dans tout ce qu'elle avait d'im-
prévu et en même temps d'effrayant ; je me plaçais dans une
position unique, *seul* dans ma résolution au milieu de tous
mes frères du collége; je me séparais de deux hommes qui
jusque là avaient guidé ma vie, et auxquels je m'étais aban-
donné, sinon avec une foi complète, du moins avec une es-

pérance bien sincère, de deux hommes que j'avais unis dans mon amour lorsqu'entre eux la division existait déjà ; l'illusion dont je m'étais bercé sur une réalisation toute de paix et d'harmonie se brisait tout d'un coup ; ma vue fut troublée ; avant d'apercevoir l'occasion d'un progrès nouveau, je n'aperçus que le désordre, avant de reconnaître les moyens de réparation pour l'avenir, je ne reconnus que les torts du passé. Je *m'accusai*, j'accusai les chefs de l'ancienne hiérarchie ; et un instant, je *doutai* de tout, mais en homme qui ne désespérait pas et qui ne voulait point retirer à l'humanité la vie qu'il lui a dévouée. Ce doute que j'aurais pu dissimuler, je l'exposai avec sincérité, afin de donner à tous un enseignement dont tous avaient besoin ; mais ceux-là qui malheureusement ne doutent jamais de rien, surtout de leur propre gloire et de leur propre puissance, demeurèrent dans leur *calme*, et je ne trouvai sur leurs lèvres que rire ou pitié pour ma faiblesse. Ah ! je ne viendrai jamais leur demander compte ni de leur ironie ni de leur pitié, mais je ne cesserai de les exhorter à échanger cette fatuité peu apostolique contre un peu de sens et de prudence, afin que d'autres ne viennent pas un jour leur demander un compte plus sévère.

Oui, mon ami, il a douté un jour de tout celui que vous avez vu plein de foi et d'audace, qui vous a inondé de sa parole et fortifié de son courage ; il a douté de tout parce que tout était changé autour de lui. Mais, grâces en soient rendues à Dieu, il n'a douté que pour retrouver une force nouvelle, et ce *renouvellement*, comme tout ce qui est profond et décisif, n'a eu lieu qu'après une *crise*, et ne s'affermira qu'après de longues *oscillations*. C'est ainsi que je sens la vie, moi qui ne crois pas que le *calme divin* puisse et doive jamais entrer en un cœur d'*homme*.

J'ai douté ! Serait-ce là une fin de *non-recevoir* pour tout ce que j'ai à dire, un signe d'impuissance et de faiblesse? Et qui donc, au berceau de la foi comme dans sa pleine maturité, n'a jamais douté? S'il en est un parmi les saint-simoniens, que celui-là se lève et me jette la première pierre, en me montrant les grandes choses qu'il aura faites. Ceux qui ne doutent jamais sont les *pauvres d'esprit ;* et Saint-Simon aussi bien que Descartes est venu pour rayer de l'Évangile nouveau cette *béatitude* d'aveuglement et d'ignorance.

Toutefois, au milieu des paroles décousues que j'ai prononcées, le *fait* éclatant c'était que je regardais Bazard comme s'étant laissé déposer par Enfantin, et celui-ci comme engagé dans une voie dangereuse. Je me séparais par conséquent de l'un pour cause de faiblesse et d'impuissance pour l'avenir; de l'autre par méfiance et par une répulsion bien légitime pour sa manière d'entendre le gouvernement et la morale.

Avec Enfantin, sont restés : d'Eichthal, qui partage ses idées; Duveyrier, qui se dévoue à lui, sans trop dire à quelles conditions; Olinde Rodrigues, Bouffard, Talabot, Laurent, Michel Chevalier, Lambert, Aglaé Saint-Hilaire, et Hoart, qui, avec des nuances différentes, repoussent la conception morale proposée, mais se rangent sous l'autorité de celui qu'ils regardent comme accomplissant l'œuvre la plus importante pour le progrès de la doctrine.

Tel fut le résultat de cette séance du 19 novembre, qui a donné lieu à la circulaire imprimée que vous avez reçue. Jugez si l'on vous a présenté nettement les choses, et surtout si les hommes qui envisagent notre situation actuelle avec une confiance aussi naïve marchent dans une voie bien droite. Les protestations contre le récit fabuleux de la séance du dimanche 27 novembre, ma déclaration, la lettre de Jean Reynaud, tout cela confirme ce que je vous dis.

Arrivons maintenant au fond des choses. Jusqu'ici je ne vous fais qu'un récit. Je veux vous dire deux mots touchant les causes de tous ces événemens, savoir, les vues d'Enfantin sur la morale individuelle et sur l'avenir des femmes : je vous ferai voir ensuite comment j'envisage la position de la doctrine, et je vous indiquerai le parti que vous avez à prendre.

La manière dont Enfantin présente le mouvement nouveau est assez adroite. Il dit : La loi morale est encore à faire ; le fait fondamental de la *morale individuelle*, c'est, d'une part, les relations d'hommes à femmes ; d'autre part, les relations de supérieur à inférieur. Nous annonçons que la femme est libre, qu'elle est désormais l'égale de l'homme ; donc nous ne pouvons faire la loi morale sans entendre la voix de la femme ; donc nous ne pouvons pas lui imposer notre volonté, sans qu'elle la justifie ou même la corrige. Notre premier acte pour fonder la morale nouvelle doit être l'*appel de la femme;* c'est elle qui, comme épouse et comme prêtresse, nous donnera la révélation complète de l'avenir.

A cela je réponds : Si vous attendez la femme pour la loi morale, il faut l'attendre aussi bien pour la politique et pour la religion ; car elle est l'égale de l'homme dans le temple, dans l'état et dans la famille. Ainsi, nous ne pouvons pas réaliser des associations, fonder des maisons d'éducation, et nous ne devons appeler à nous que des *apôtres*. Nous sommes à l'état d'*élaboration*, à l'état apostolique ; nous ne pouvons avoir la prétention de fonder un royaume, d'avoir des *enfans-*

sujets, car nous n'en ferions tout simplement que les instru-
mens de nos expériences. Avant de faire des *mariages*, d'appeler des enfans et des ouvriers, posons donc d'une manière
nette et ferme toutes les bases de la société nouvelle.

Raisonnant dans cette hypothèse, je concluais que nous
devions, 1° reconnaître comme une erreur la réalisation pré-
coce que nous avions commencée ; 2° arrêter tout mouvement de réalisation intérieure, jusqu'à la production de la
loi nouvelle ; 3° séparer de nous, sans douleur et sans frois-
sement, tout homme et toute femme non susceptibles, par
leur capacité, par leur position sociale, par leur âge, du dévouement apostolique, c'est-à-dire *total* ; 4° continuer pendant ce temps, par la presse et la parole, la propagation de
ce que nous avions de formulé pour l'avenir.

J'allais plus loin, comme vous voyez, que ceux qui ont
protesté seulement à cause du défaut de *morale* ; et j'affir-
mais que défaut de morale voulait dire aussi : religion et politique, non-seulement imparfaites, mais *trop peu faites* pour
une réalisation.

En supposant cet avis adopté, il eût été possible de s'en-
gager dans le mouvement nouveau pour élaborer les théories et préparer l'avenir. La position du moins ne m'aurait point semblé tout-à-fait anormale. Toutefois, d'après le
dogme saint-simonien déjà posé, et en cela incontestable,
on ne peut bien expérimenter qu'à condition d'une *bonne
conception*. Or celle d'Enfantin me paraît fausse, repoussante,
destructive de toute liberté ; il n'y avait donc pas lieu, selon
moi, à le laisser continuer, même s'il eût accepté la condition
proposée, et consenti à abandonner le *sacerdoce* pour l'apostolat. Enfantin n'a pas accepté cette condition ; il n'a pas pu
renoncer de bonne foi à ses idées primitivement émises. Je n'ai
point voulu marcher avec lui.

Je ne vous exposerai point aujourd'hui cette prétendue théorie morale, parce que la tâche serait trop longue, ou mal remplie si je ne faisais qu'effleurer le sujet. Dans ma déclaration j'annonce que j'examinerai la question en détail; mon travail sera imprimé et publié. D'ailleurs Bazard va faire paraître incessamment un récit très-circonstancié de toute sa discussion avec Enfantin. L'essentiel aujourd'hui, c'est que vous connaissiez bien le terrain sur lequel nous nous trouvons placés.

La question relative à la condition sociale des femmes est la plus vivante et la plus actuelle de toutes les questions nouvelles qui ont été soulevées, voilà pourquoi je vous en parle, et pourquoi l'on en parle aussi beaucoup dans la famille saint-simonienne; mais, comme l'a dit Reynaud, les vues sur l'avenir de la femme et sur le mariage ne sont qu'un détail. Le point fondamental, c'est la *hiérarchie*, la *loi vivante*, et une fois arrivé là, il faut, pour être conséquent, remonter jusqu'au *dogme* lui-même. Aussi m'avez-vous entendu dire qu'entre Enfantin et moi il y avait maintenant toute la morale, toute la religion, toute la politique; il s'agit en effet d'un remaniement complet de nos vues antérieures.

Malheureusement le système présenté par Enfantin, et dont les dernières conséquences nous repoussent comme despotiques et licencieuses, est lié et parfaitement enchaîné aux bases dont nous sommes partis.

De là, pour moi, deux conséquences :

La première, c'est que Bazard, qui aujourd'hui *proteste* et recule effrayé, avait depuis long-temps perdu dans notre gouvernement l'*initiative* ou même le *veto*, et qu'il ne pourra entrer dans une voie opposée à celle où marche Enfantin sans *nier* ce qu'il nous a enseigné naguère. N'est-ce pas lui en effet qui a formulé le dogme, la hiérarchie, la *loi vivante?* N'est-ce

pas sous son autorité, et en son nom, que les maisons d'association ont été fondées, que l'adoption des enfans a été con-
sacrée, et que plusieurs mariages , entre autres celui de *Claire*
sa fille consanguine, ont été bénis et sanctionnés?

La seconde conséquence, c'est que la théorie d'Enfantin
étant complète et bien systématisée, un homme de cette portée et de cette force ne peut la mettre de côté sans se nier
lui-même, sans s'anéantir, et surtout sans renverser la conception de Dieu qu'il a donnée dans la *communion générale*
de la famille saint-simonienne.

Enfantin lui-même, quand on le serre de près, avoue que
sa pensée intime est telle ; mais pour ne point effrayer les faibles et les timides, il affirme aujourd'hui qu'il abandonne
toutes les idées qu'il a émises ; qu'elles n'ont de valeur que
pour délier la langue de la femme; que c'est de la femme
seule qu'il attend la *révélation*. Devant elle, dit-il, l'homme
doit aujourd'hui écouter, demeurer passif, se clore la bouche
et fermer les yeux. Position vraiment singulière !

Évidemment ce n'est là qu'un vain subterfuge, un moyen
transitoire, un *accommodement,* j'allais dire une escobarderie:
d'abord parce que l'homme, qui fait l'appel, qui est l'*initiateur*, doit donner provisoirement au moins une partie de la
morale nouvelle; ensuite parce qu'on ne peut poser et
déposer, à volonté, tout un système d'idées. Enfantin a donc
foi que la femme viendra justifier sa théorie. Il ne peut reconnaître comme la femme *attendue* que celle qu'il aimera; et
pour aimer, il se rapportera au type de prêtresse qu'il a rêvé.
Ceci est trop clair.

Quelques-uns pourtant se bercent d'une étrange illusion. Ils espèrent que *l'amour d'une femme* viendra changer
le cœur de l'homme salué d'*avance* comme révélateur et
comme pontife, et lui inspirer sur l'humanité, sur la pater-

nité, sur la vie conjugale, des sentimens tout différens de ceux qu'il a déjà manifestés. En vérité, j'ai peine à croire à cette métamorphose ; et d'ailleurs je ne me sentirais nullement disposé à reconnaître comme *père de l'humanité* celui dont toute la vie pourrait être changée subitement par une passion nouvelle. Cet homme aurait perdu son *calme divin*. Non ! la vie de celui qui ose se dire le *père de l'humanité* ne saurait être quelque chose de vague et d'indéterminé. Cette vie doit porter en germe un monde tout entier ; et celui qui attend encore la révélation du sentiment le plus profond de notre cœur, du sentiment générateur de tous les autres, cet homme là n'est, en réalité, le père de personne. Il cherche ; il cherche bien ou mal, suivant qu'il a une bonne ou une mauvaise volonté, une volonté d'égoïsme ou une volonté de dévouement, mais il cherche, il doute, il tâtonne, il expérimente. Or, même dans la doctrine du *progrès*, on ne vient pas au pouvoir pour chercher, celui qui gouverne *exécute* aux acclamations de l'humanité, ce qu'il a déjà trouvé : l'homme du progrès nouveau se développe à ses côtés et sous *sa loi*. C'est ainsi qu'il faut entendre la vie sociale, sous peine de n'avoir au lieu du progrès qu'une mobilité capricieuse et sans but.

Aussi, de quelque côté que j'envisage les choses, je ne puis concevoir le rôle des membres du collége qui pensent qu'Enfantin a de bonne foi et sérieusement renoncé à son système ; ou bien qui se rallient au pouvoir nouveau tout en déclarant repousser le système pour lequel il a été intronisé.

Car enfin la théorie dont il s'agit est, avant tout, une théorie de *pouvoir*. Si vous n'adoptez point le pouvoir tel qu'il se donne et se pose, vous devez être en lutte avec lui ; et alors il n'y a plus ni association, ni religion, ni autorité, ni liberté. Si vous suivez sans résister, vous reproduirez l'*obéissance pas-*

sive que vous vouliez faire disparaître et contre laquelle toute votre vie a été une longue protestation. Et qu'on ne vienne pas ici me parler d'obéissance par *dévouement* et en vue de l'œuvre la plus importante à accomplir, personne mieux que moi n'a connu et pratiqué ce genre d'obéissance; mais il y a une limite à cette résignation, et cette limite infranchissable c'est la dissidence sur la question même de l'*autorité*. Dès que sur ce point l'accord a cessé, le véritable dévouement consiste à résister, et, lorsque la résistance est sans résultat, à se retirer pour marcher dans une voie meilleure.

On peut bien dédaigner la *logique* quand on se laisse tomber dans d'aussi puériles contradictions; mais on devrait au moins *sentir*, lorsqu'on parle si haut de sentiment et de sympathie, qu'obéir à un homme qui demande une foi entière en sa personne, et obéir, tout en rejetant la plus haute prétention de cet homme, c'est faire bien bon marché de sa liberté, et bien peu de cas de celui qu'on nomme son *père* et son *maître*; c'est manquer à l'humanité et à soi-même. Au reste, dans cette anarchie de croyances et d'idées, on ne sait qui admirer le plus de ceux qui obéissent ou de celui qui croit commander.

Pour moi, qui n'admets point les idées d'Enfantin, ni même l'appel de la femme à la manière dont il l'entend, je dis qu'on ne doit point le suivre; que tous ceux qui ne l'approuvent pas doivent le combattre; et que ceux qui demeurent avec lui sont faibles, coupables, et surtout incapables d'arrêter le mouvement quand ils commenceront à voir le danger.

Quoi qu'il en soit de cette opinion, le fait certain c'est qu'Enfantin rallie encore autour de lui la majeure partie numérique des membres de la doctrine, particulièrement dans les degrés inférieurs. Ceci s'explique assez naturellement. Enfantin est maître du centre, il occupe le siége, il est aimé

de tous et doué d'une grande faculté d'attraction personnelle;
et d'ailleurs, là où le collége a trouvé moyen de perdre ou
d'employer trois longs mois de discussion, il faudra bien
quelques jours aux membres des autres degrés. L'affaire n'en
est qu'à son commencement; la question est portée maintenant
devant l'humanité; elle est sortie de la maison close, du secret;
c'est de ce grand débat que va jaillir la lumière.

A ce mot de *débat,* il en est qui se récrient, et qui croient
la doctrine perdue si l'on discute et si l'on raisonne. Heureusement rien n'est perdu, sinon une des nombreuses illusions
que nous nous étions faites à nous-mêmes dans la première
ivresse de l'enthousiasme, et, j'oserais dire, avec toute l'*in-
génuité* et toute l'inexpérience de l'apostolat. Croire à la possibilité d'établir la religion vraiment *universelle,* d'un premier jet, sans fractionnement et sans discussion ! mais, en
vérité, c'est demander plus qu'un miracle; c'est avoir oublié
et l'humanité et l'histoire, et surtout le caractère nouveau
de notre civilisation, qui, à un certain point de vue,
peut être considérée comme l'esprit d'examen *généralisé.*
Espérons que ce débat va présenter une tenue, une
loyauté, une discipline jusqu'ici inconnues ; qu'il sera
moins long, moins subtil, plus vivant et plus positif que
celui qui conduisit le monde à l'unité catholique; affirmons
même que l'humanité obtiendra dans l'*ère nouvelle* ce que le
catholicisme a manqué, et que nous marchons à une immense association pleine d'harmonie et de liberté. Ici nous
rentrons dans la sphère du possible, et tous les hommes forts nous
y suivront; mais, de grâce, quittons le fantastique, arrivons à
la vie réelle, profitons de notre propre expérience, et ne nous
débattons plus pour savoir si dans le sein du saint-simonisme
il y aura des *débats:* car il semble que ce qui se passe aujour-
d'hui, de part et d'autre, mérite bien ce nom. Or, je vous

le disais tout-à-l'heure, l'affaire n'en est encore qu'à son commencement.

Beaucoup de ceux qui restent ne sont donc pas encore suffisamment éclairés; ils ne pourront l'être que lorsque la voix de tous ceux qui ont quelque chose à dire se sera fait entendre. Je suis, par conséquent, bien loin de vouloir détourner *brusquement* ceux qui provisoirement marchent dans la voie d'Enfantin. Ce serait faire une *déroute* de ce qui ne doit être qu'une habile manœuvre. Je pense même que la scission qui a eu lieu pourrait bien n'avoir pour but que de dessiner et de poser toutes les *individualités* de la grande famille, c'est-à-dire les hommes capables d'élaborer et de perfectionner.

Ceci aura lieu si enfin les aveugles ouvrent les yeux, et s'ils ne sont pas décidément saisis de l'esprit de *vertige et d'erreur*. Pourquoi désespérerions-nous d'arriver à une amiable composition, qui commencerait par un *meâ culpâ* sublime et qui s'affermirait par une *réorganisation* moins ambitieuse, moins pressée d'avenir, plus favorable à la production des grands perfectionnemens dont nous avons besoin? C'est là du moins, parmi les mille incidens que nous ne pouvons déterminer d'avance, une issue probable de la crise actuelle. La chose, il est vrai, serait toute neuve dans l'histoire du monde, mais, jusqu'à lassitude, nous devons agir dans cette direction. J'ai pris pour devise *travail* et *espérance*, travaillons donc et espérons; quel que soit le résultat de nos efforts, l'humanité ne peut rien y perdre, car c'est Dieu qui nous conduit, et malgré notre orgueil de *Titans* nous n'avons pas encore sondé tous ses desseins.

En attendant, il est bon que vous vous teniez sur vos gardes et que vous n'acceptiez point passivement tout ce qui vous viendra du centre, de l'Église métropolitaine. Voici deux raisons qu'on ne manquera pas de vous présenter : Les hommes

qui se retirent, vous dira-t-on , sont les hommes du *dogme* ;
or il est nécessaire que cette face s'*éclipse* pour le moment, car
nous avons surtout besoin d'action ; nos ouvriers demandent
du travail et du pain ; il s'agit de réaliser.

D'abord, je n'admets pas qu'en aucun temps le dogme
puisse s'éclipser; mais aujourd'hui surtout, il devrait rester,
car jamais on n'eut autant besoin de *science* et de *sagesse*. Sa-
chez de plus que ceux qui se retirent avec Bazard ne sont rien
moins que des hommes exclusivement savans : ce sont tous les
anciens conspirateurs, tous les républicains. En second lieu ,
ils ne se retirent point pour méditer, mais pour agir; seulement leur action consistera à perfectionner et à élaborer
ce qui n'est encore qu'en germe. Ils feront ce que Saint-
Simon a toujours fait ; avant de poser une conception
nouvelle, il a amassé d'immenses matériaux , et a produit plusieurs ouvrages. Au reste , entendons-nous bien sur
ce mot *action*. Quel est le meilleur moyen de réaliser promp-
tement la doctrine? C'est sans doute d'attirer les hommes les
plus avancés et les plus influens, de s'emparer de l'opinion
publique. Or employer des formes pontificales; aller toucher , toucher en tâtonnant et d'une main peu délicate, au
foyer des affections les plus intimes; s'éloigner de plus en plus
de ce que les hommes de notre temps appellent la réalité, est-
ce là vraiment préparer l'avenir? Ce qui a repoussé Bazard et
tous les membres importans qui se retirent est-il de nature à
nous convertir beaucoup d'hommes forts, puissans et riches?
Nos prétendus hommes d'action ne font, à mon avis, que retarder la véritable action de la doctrine ; je veux dire son action
politique, son avénement comme *reine de l'opinion*.

Sans doute le peuple a faim, et nous devons soigner nos
enfans déjà adoptés ; mais aussi pourquoi plusieurs d'entre
nous ont-ils voulu arrêter la réalisation si mal à propos com-

mencée? Précisément parce que nous ne croyons pas que, dans la direction suivie par Enfantin, nous puissions trouver beaucoup de personnes qui *donneront* ou *prêteront* de l'argent. Lorsque la question sera portée devant le public, il se développera contre les Saint-Simoniens un mouvement de réaction plus fort que tous ceux qui déjà se sont développés; on nous suira aux cris de *débauche* et d'*immoralité*.

N'était le rêve malencontreux de l'*amoureuse Androgyne*, rêve que j'ai fait moi-même, mais que du moins je n'ai jamais voulu réaliser *immédiatement*, j'aurais été le premier à donner mon acclamation au projet financier d'Olinde Rodrigues; c'était là le véritable progrès que nous avions à faire, si la séparation n'était point arrivée. Au reste, c'est un bonheur; car si nous avions réussi, nous n'aurions pas été en mesure de bien employer les capitaux prêtés, en notre nom, au travail et à la capacité. Je voudrais me tromper dans mes prévisions, et je retournerais de bien bon cœur à la foi que j'ai perdue, mais je crois que l'effort tenté par Rodrigues manquera entièrement. Enfantin et lui semblent avoir perdu conscience de ce milieu social qu'ils ont à convertir. Ils se font une double illusion et sur leur force personnelle et sur l'état des esprits par rapport à la doctrine saint-simonienne. Qui pourrait croire que pour obtenir du monde la plus grande preuve de *confiance* qui ait jamais été demandée, ces hommes, qui veulent se passer de science et de sagesse, aient choisi précisément une époque où, par le spectacle même de nos divisions, nous devons exciter des soupçons bien mieux fondés sans doute que tous ceux dont nous sommes l'objet?

En résumé, je regarde Enfantin comme engagé dans une voie où, pour le salut de la doctrine, il doit éprouver un échec, 1° parce qu'il veut trôner avant le temps, et qu'il

marche vers le *pontificat*, avant même que cette question du
pontificat soit éclairée parmi nous ; 2° parce que nous ne
sommes pas encore en mesure , soit en hommes , soit en doctrine , soit en capitaux, de réaliser sur une grande échelle ;
3° parce que les théories sur la femme et le pouvoir nous in-
diquent, par les dernières conséquences du dogme posé , que
tout doit être de nouveau élaboré et modifié ; 4° parce que
l'appel de la femme n'est point fait d'une manière convenable
et avec une *conception morale* acceptable ; 5° enfin parce
que la liberté humaine et la dignité personnelle seraient complétement anéanties si pareilles idées étaient jamais adoptées.

Si déjà vous avez reçu quelques détails du centre dirigé par
Enfantin, vous devez être étonné de ce que vous m'enten-
dez dire ici , car dans tout ce qu'on vous a écrit vous n'aurez
rien vu, sans doute, qui paraisse justifier la condamnation du
pouvoir nouveau. Je vous avoue moi-même que dans les
enseignemens qui ont été faits depuis la séparation et que
j'ai pu lire ou entendre (sauf quelques changemens ,
malheureusement trop évidens, dans l'allure et la politique du *Globe*, et malgré une exclamation d'*adoration
personnelle* très - imprudemment échappée au prédicateur
Barrault, et très-prudemment effacée à l'impression), je n'ai
rien trouvé dont on ne puisse se tirer par une souple interprétation ; surtout vis-à-vis de ceux qui demeurent encore dans
l'*orthodoxie* par rapport aux principes enseignés primitivement. Mais ceci tient à une *méthode* aussi contraire à la bonne
morale qu'à la bonne logique, et dont je dois commencer par
vous signaler les vices. D'autres vous diront peut-être que les
faits qu'on vous présente sont altérés et faussés à dessein,
qu'on veut vous conduire pas à pas, par la *ruse* et le *men-
songe*, dans un abîme de despotisme et de grossière volupté, que
sous des principes acceptables d'abord sans répugnance, se

trouvent cachées les plus hideuses conséquences. Tout cela, malgré une exagération vraiment exorbitante, n'est pas dénué de quelque fondement ; mais je ne veux ni personnalités ni récriminations, surtout en matière de *bonne foi*. Ce sont là les procédés de la colère et de l'irréligion, et, je le dis du fond de mon ame, bien audacieux celui qui va scruter la conscience jusqu'à la *bonne foi* ; car l'homme ne peut porter si loin qu'un œil bien mal assuré : c'est un point où, entre l'homme et l'homme, il y a Dieu, Dieu seul ! J'aime donc beaucoup mieux parler d'*erreur* que de *mauvaise intention*, puisque d'un côté nous arrivons à la certitude, tandis que de l'autre nous ne pouvons rencontrer que le soupçon. Le soupçon ! scepticisme du cœur plus mortel mille fois que le doute de l'esprit.

Je vous déclare d'ailleurs, après une assez longue pratique des hommes et de la discussion, n'avoir jamais eu besoin d'inculper l'intention pour saisir et faire voir le vice d'un sentiment, d'un raisonnement ou d'un acte. J'irai même plus loin pour le cas particulier que je traite en ce moment ; et je ne vous dirai pas que la méthode que je blâme soit plutôt celle d'Enfantin que celle de Bazard ; je tiens beaucoup, au contraire, dans toutes les questions qui nous divisent, à effacer la nuance personnelle, et à montrer la cause de notre mal présent dans les principes que nos deux anciens chefs ont posés d'accord et ensemble, principes que nous avons tous professés. Or, malheureusement la méthode tant critiquée aujourd'hui, et qu'Enfantin, il est vrai, emploie plus souvent que personne, est ce que nous avons nommé la *méthode saint-simonienne*, aussi bien pour ce qui concerne le gouvernement que l'enseignement.

Voyons comment cette méthode est appliquée aux questions dont il s'agit.

Nous avons essayé de poser les bases de la *morale indivi-*

(31)

duelle. Enfantin a présenté à cet égard une théorie una-
nimement repoussée. Aujourd'hui il la désavoue ; il nous en
fait bon marché, et même après l'avoir tronquée, amendée,
il ne nous la donne que comme un *appât*, comme une conception provisoire, qui devra être, par la *femme-révélatrice*,
revue, corrigée, *limitée*; c'est l'expression propre. Chaque
jour Enfantin modifie et cette conception et la manière de la
présenter, et ces modifications sont souvent contradictoires...
Gloire à Dieu ! n'avons-nous pas la *doctrine du progrès?* Le
chef de la société n'est-il pas l'*homme du progrès ?* Notre religion n'est-elle pas *définitive*, parce qu'il n'y a de définitif
pour l'homme que le progrès? — Nous marchons, nous vi-
vons, nous réalisons. Nous sommes des hommes d'action.
Tout cela est bien et providentiel.

Et là-dessus on vient enseigner, en décembre, après la séparation, des principes opposés, ou tout au moins *indifférens*
aux points sur lesquels la discussion a roulé.

Mais, malgré toutes les additions et toutes les corrections,
la morale nouvelle, par cela seul qu'elle est *nouvelle*, le pouvoir nouveau, par cela seul qu'il vient s'établir après une
longue époque d'anarchie, ne peuvent manquer d'exciter des
antipathies, d'agiter et de troubler les consciences ; il faut
agir avec toute la prudence de l'*initiateur*. C'est pourquoi nous
ne dirons pas tout à *tous*, et à *chacun* nous présenterons la face
qu'il pourra le plus facilement aimer et comprendre, ou plutôt le *sentiment* qui, par douleur ou plaisir, l'amènera plus
sûrement à nous.... Tout cela est encore bien et providentiel.
N'avons-nous pas dit : *à chacun suivant sa capacité?* c'est-à-
dire à chacun suivant sa volonté, son intelligence et sa force?

Et là-dessus encore, on cache aux provinces ce qui arrive à
Paris ; et comme on n'a rien *écrit* et que tout s'est passé en
conversation, on ne peut donner au second degré qu'une sorte

de contre-façon de ce qui a eu lieu dans le collége ; et l'on vous écrit, à vous, dans une langue différente de celle que l'on parle à un autre ; et l'on vous laisse ignorer ce qui se passe à Toulouse, dont l'Église est maintenan tdissoute, tandis qu'on publie à haute voix et sur-le-champ l'*adhésion* de Montpellier ; et en même temps que l'on insère dans le *Globe* la protestation de Jean Reynaud, on refuse à plusieurs reprises de faire connaître à douze villes de province où j'ai porté la parole, et devant lesquelles je veux demeurer responsable de mes actes, que je me suis séparé de toute hiérarchie !...

En passant je dois dire, pour ce qui m'est personnel, que si l'on garde sur ma déclaration un silence aussi obstiné, c'est par un *bon motif* que je ne voudrais pas nommer un prétexte maladroit. On espère qu'incessamment je vais reconnaître mon erreur et faire amende honorable. Il semble pourtant qu'une fois ma faute publiée, l'amende honorable serait beaucoup plus éclatante ; et l'on doit savoir, par expérience, que je ne crains pas d'avouer hautement mes fautes et de reconnaître publiquement mes erreurs. Pendant ce temps, au milieu de tous ces scrupules d'*amour* et de tendresse, ceux qui ont eu quelque confiance en moi demeurent dans l'incertitude et cherchent vainement ma place. Comment, dans la feuille qui annonce emphatiquement le moindre mouvement de chaque membre de la hiérarchie, n'avoir pas rendu un compte quelconque du plus grand événement qui soit encore arrivé dans notre sein ! Comment cette circulaire prétendue officielle qui exprime si mal la position des membres du collége a-t-elle omis tous les noms, et absorbé dans le même incognito des hommes qui par leurs actes et leur conduite pouvaient rendre un témoignage personnel de quelque valeur !

Voilà, mon ami, tout le secret de l'embarras que vous éprouverez à concilier mes paroles avec les récits que vous recevrez de la rue Monsigny. Beaucoup d'idées ont été élaborées, discutées dans le collége; elles sont aujourd'hui abandonnées. De graves dissidences ont éclaté. Vous demeurez loin de nous, vous n'avez pas besoin d'en être instruit. Le passé est *fatal;* le présent nous suffit, car « nous sommes la doctrine du *progrès* » et « le prêtre est celui qui est, » lors même que celui qui est ne serait pas prêtre.

Cependant il faut vous apprendre quelque chose et de la doctrine et de nos événemens de famille. Eh bien ! on vous en donnera ce qui sera jugé bon pour vous et pour l'œuvre sociale. *A chacun suivant sa capacité.*

C'est là ce qu'on ose appeler la *morale* de l'avenir !

Dans ces deux principes si grands et si féconds, mais dont jusqu'ici nous n'avons fait qu'abuser, précisément parce que nous n'en avons pas encore *réglé* l'usage, vous trouverez la cause profonde de tous nos maux et de toutes nos erreurs.

Oui sans doute, le *progrès* et *l'attribution selon la vocation* sont deux principes vraiment divins; mais pour oser les transporter, sans *conditions* et sans *détermination*, de Dieu à l'homme, voyez vous-même dans quel abîme nous tomberions.

Le développement et le progrès des êtres finis, telle est la *volonté* de Dieu, telle est la *loi divine.*

A chacun suivant sa capacité, c'est-à-dire suivant sa nature, suivant sa vocation, telle est l'expression de l'amour et de la justice de Dieu.

Dieu est à lui-même sa propre *condition d'existence* et la condition d'existence de tous les êtres qui *vivent* dans son sein. Dieu est la *loi vivante;* et il rend à *chacun* amour et justice.

En acquérant la *conscience* de sa destinée, de sa loi de développement et de progrès; en produisant, par l'action de ses propres facultés, l'expression même de la justice et de l'amour de Dieu, l'humanité a touché au degré le plus élevé de la vie, dans l'ordre fini.

Depuis lors aussi le problème social a été posé dans ses véritables termes, et la solution est aujourd'hui plus prochaine que jamais.

On a dit : la société doit être organisée pour le *progrès de tous*, et de telle sorte qu'il soit permis à *chacun* de développer *librement* toutes ses forces. *Association universelle* de tous les hommes sous tous les aspects de la vie : *à chacun suivant sa capacité*, suivant sa vocation, suivant sa nature. Harmonie de la *liberté* et de l'*autorité*, de l'amour *social* et de l'amour *individuel*. Prévoyance universelle.

La plus grande gloire de Saint-Simon est de nous avoir conduits à ce point.

Ses disciples ont essayé d'aller plus loin, ils ont dit : afin que l'humanité marche toujours et sans secousse vers sa destinée qu'elle ne connaît que *graduellement*, et pour que dans le mouvement d'ensemble toutes les différences, toutes les *individualités* soient *libres*, constatées, reconnues, développées, il faut que le *pouvoir social* soit la *loi vivante*. —(Peu importe ici que cette loi vivante soit l'homme seul ou bien l'union de l'homme et de la femme, l'essentiel est de ne point oublier qu'en tout cas elle ne peut être qu'*humaine*.)

Les disciples ont pris pour des *lois déterminées* les *promesses* de la prophétie; ils ont proclamé la loi vivante et ils ont crié: Ecce homo, croyant avoir trouvé la solution, lorsqu'ils n'avaient fait encore que mettre le problème en équation; c'est là l'erreur et l'illusion.

Car, de la loi vivante donnée comme formule du pouvoir nouveau à la constitution de ce pouvoir, il y a toute la distance qui sépare le but du moyen, le désir confus de la volonté réfléchie, le tâtonnement de l'acte déterminé.

Si Dieu, qui *est* le mouvement et la vie, est à lui-même sa seule condition, l'homme qui *reçoit* le mouvement et la vie, quel qu'il soit, premier ou dernier, est soumis à des *conditions déterminées;* et le pouvoir social, pour être légitime, doit avoir posé et déterminé ces conditions.

La loi vivante, indéterminée, sans condition, infinie, le mouvement absolu enfin, c'est Dieu.

Dans l'ordre fini, la loi vivante n'est qu'une fiction ou plutôt une négation de toute loi, si elle n'est pas déterminée, conditionnelle, et si la sphère du progrès n'est point conçue et en quelque sorte *réglée* d'avance. Autrement l'homme serait Dieu.

Aussi vous disais-je plus haut qu'arrivé à ce désir d'une loi vivante, l'homme avait touché au dernier point de l'*humanité*. Ici se trouve le plus grand écueil du saint-simonisme, et en même temps son caractère le plus élevé. C'est là pour nous la question de *vie* et de *mort*, *To be or not to be* : car nous ne pouvons plus quitter ce terrain qu'en donnant une solution qui harmonise la liberté et l'autorité; ou bien en déclarant la solution impossible, et *par conséquent* le problème mal posé, même avec la formule saint-simonienne.

Enfantin a touché contre l'écueil; il se brisera s'il ne s'arrête. Dans sa prétention à être la loi vivante sans conditions, et l'homme du progrès, sans autre règle que sa volonté personnelle, de quelque façon qu'elle soit *inspirée*, il ne tend à rien moins qu'à la divinisation de l'homme, à une sorte d'*antropothéisme* plus antipathique encore et plus irrationnel que l'*anthropomorphisme* de Dieu.

Partout autour de nous nous entrevoyons, même dans ceux qui nous ignorent, un sentiment confus du danger de cette position, qui n'est autre chose que le *danger* du saint-simonisme lui-même. Voici un mot qui, à cause de sa source,

mérite d'être cité : « Puisque Dieu ne s'est pas fait homme
» pour nous sauver, qu'un homme ne se fasse pas Dieu pour
» nous perdre, » a dit un journal (*le Corsaire!*). Ce conseil,
pour être tourné en forme de madrigal, n'en est pas moins
plein de finesse, de profondeur et d'à-propos; il va droit à la
loi vivante, telle qu'elle prétend aujourd'hui se *poser*.

Et en effet, cette prétention du révélateur nouveau n'est
pas autre chose que l'antipode grossier et informe de la révélation *chrétienne*. C'est l'*incarnation*, l'identification, non
plus de Dieu en l'homme, mais de l'homme en Dieu. Seulement l'incarnation chrétienne était un mystère d'humilité et
de sacrifice, et la déification saint-simonienne ne serait qu'un
abîme d'orgueil et d'égoïsme.

Je ne crois pas que personne au monde veuille sérieusement une pareille extravagance ; mais, tout en détour-
nant la tête, Enfantin y marche à grands pas et la pente est
facile.

Ainsi donc avoir donné pour une organisation *définitive* l'organisation pour le *progrès*, c'est n'avoir rien dit du tout; car il
n'est rien de moins définitif que ce qui n'est ni défini ni déterminé, et le progrès en lui-même est ce qu'il y a de plus vague, de
plus arbitraire, de plus vaporeux. Ce dont il s'agit aujourd'hui
pour nous, avant de rien constituer, c'est de déterminer avec
précision la sphère *générale* et *spéciale* du progrès, et de mettre
un peu de corps et de vie là où nous n'avons encore qu'un
squelette ; et de plus, pour quiconque se posera comme devant
faire accomplir à l'humanité une phase spéciale de sa destinée,
pour quiconque se proclamera le père de l'humanité dans une
des *générations* de sa vie progressive, ce sera toujours un devoir de déterminer nettement, dans l'ensemble et dans le détail, sa *volonté*, sa *vie ;* de la rendre toujours présente à tous
par l'*écriture ;* de fixer la place de son *progrès* dans la sphère gé-

nérale tracée pour l'humanité; et de donner sa *loi de variation* dans la sphère spéciale qu'il veut parcourir.

Hors de là, tout est caprice, arbitraire, *contradiction*. Ce n'est plus le progrès, mais la mobilité; ce n'est plus la marche ferme et assurée de l'homme résolu ni la touche hardie et précise d'une main habile; c'est le circuit ambigu de l'aveugle, la titubation de l'ivresse, le tâtonnement de l'expérimentation.

Les pouvoirs despotiques les plus rétrogrades n'ont aussi de loi que leur caprice; mais ce despotisme, dans son arbitraire même, est quelque chose de plus déterminé encore que l'*amour* et le *désir* de l'*homme du progrès* : car la volonté du despote oriental s'appuie sur une *tradition d'immobilité*, tandis que le *désir* de l'homme du progrès, glissant à peine sur une *tradition flexible*, ne serait en réalité qu'un *double caprice*, ayant pour loi de variation sa mobilité même!

Il en est de même de la *loi vivante*.

L'établissement de la loi vivante dans l'humanité, sans condition et sans règle fixe, ne serait qu'un chaos d'anarchie, ou la consécration de l'hypocrisie et de l'esclavage. Heureusement ce n'est qu'un rêve, un éblouissement causé par l'orgueil ou par un trop grand désir de hâter la réalisation de notre doctrine.

La condition d'existence et de possibilité d'une loi vivante comme de toute loi, c'est la conception précise, et, sinon *absolue*, du moins solidement et pour long-temps fixée, de ce qui est BIEN et de ce qui est MAL, pour l'humanité en général et pour chaque homme en particulier. Sans la détermination de la vie normale de l'humanité présentant en même temps la *règle des exceptions individuelles*, en un mot, sans une tradition *obligatoire*, pas de liberté, pas de pouvoir légitime, pas de *morale*.

Avant de donner à chacun suivant sa capacité, il faut avoir

tracé pour tous une loi *commune* et *universelle* ; et rappelons-
nous bien qu'une loi ne veut pas dire seulement une *promesse*
vague ou une recherche pleine de bonne volonté ; car la *loi*,
c'est ce qui *lie*, ce qui fixe l'*ensemble* et le *détail*, d'une manière plus ou moins complète et plus ou moins durable, suivant la puissance du législateur et suivant l'*âge* de l'espèce
humaine.

Autrement la loi vivante est un Protée à mille faces, gou-
vernant par souplesse et par ruse, obéi par séduction ou par
bassesse. Ce n'est plus la morale de *vérité* et d'*amour* : c'est
l'*accommodement* avec tous les goûts et tous les penchans, suivant les goûts et les penchans de celui qui commande ; c'est
le *jésuitisme universalisé*.

Que si l'on vient dire qu'à de pareilles conditions la loi
vivante n'est plus possible, et que l'organisation définitive est
manquée, je n'hésite pas à répondre qu'il faut changer les termes du problème, et que si, après tout, nous ne pouvions arriver
à meilleure solution (chose dont je suis bien loin de désespérer), nous devrions nous résigner à *calquer* en quelque sorte,
mais sur une échelle plus vaste, les *organisations* du passé ;
c'est-à-dire qu'au lieu d'une *loi définitive*, nous n'aurions encore qu'une *loi provisoire*, sous l'influence de laquelle l'humanité accomplirait un progrès *analogue* à celui qu'elle accomplit dans chacune des grandes phases de son histoire ; avec cette
différence pourtant que les résultats seraient plus importans
en étendue et en intensité, plus facilement obtenus, plus du-
rables. Je dis qu'il faudrait nous résigner ! car l'humanité
consentira plutôt à ce mouvement *alternatif* plein de vie et
d'intérêt, où le doute succède à la foi et la foi au doute, qu'à
cette vie affadie, énervée, langoureuse, uniforme, qu'on nous
donne pour le bonheur et la liberté, et qui ne serait qu'une
agonie de servilisme, pleine d'ennui et de dégoût.

(39)

Mais je m'aperçois que j'ai touché ici à deux points *essentiels :* pour les éclaircir suffisamment, vous aurez besoin de développemens qui n'auront leur place que dans le travail dogmatique que je prépare; travail où j'essaierai de sonder, dans toute sa profondeur, la véritable notion du progrès ; et de montrer dans toute sa *vanité*, l'étrange signification que jusqu'ici nous avons donnée à ce mot. J'affirme que c'est là le point *central* de toutes nos discussions. Au demeurant, je suis bien aise de vous avoir donné, en passant, quelques soupçons sur la valeur de ce que nous avons déjà professé, afin que vous sentiez bien tout ce que nous avons encore à dire.

Revenons à nos *faits*.

Je ne vous ai encore rien dit des projets de Bazard et de ceux qui le suivent. Leur but, en ce moment, est de fonder une hiérarchie sur des bases plus libérales ; Bazard se croit le véritable successeur de Saint-Simon ; il appelle à lui. Je ne me suis point rallié de ce côté, parce que je n'y vois pas encore des idées vraiment neuves, ni même la virtualité de les produire. Toutefois Bazard a un beau rôle à jouer, ne fût-ce que pour combattre, avec une vigueur à laquelle aucun de nous ne pourrait atteindre, le système qu'il a eu le malheur de laisser croître et grandir à ses côtés ; il réunira autour de lui les hommes à sympathies plutôt politiques que religieuses. Bazard a beaucoup souffert de cette discussion ; il a mérité notre amour et notre respect, sa parole doit être du plus grand poids pour vous, et je vous engage à bien méditer ce qu'il fera paraître.

Quant à ma position *personnelle*, je serais bien bref, si, en raison même de son irrégularité apparente et du jugement qu'on en a porté à Paris, je ne sentais le besoin de vous prémunir contre les interprétations de ce qu'on appelle encore l'*unité saint-simonienne*. On dit à la rue Monsigny que je me suis posé comme *pape* ou comme *révélateur*; c'est un enfantillage. Je ne veux de papauté ni pour moi ni pour personne, encore moins de révélation. Je veux pour tous un peu moins de jactance et un peu plus de *sens commun*. C'est quelque chose de bien déplorable que cette méthode *ultra-catholique*, employée pour pétrifier les hommes dans une prétendue orthodoxie *sans doctrine*, et pour étouffer, sous le *monologue sacerdotal*, les mille voix de l'humanité. Au moment où l'anarchie éclate, au moment où l'homme qui se pose au pouvoir déclare qu'il *cherche* la *loi* et qu'il *attend* la femme, quiconque ne veut être ni écho ni instrument est proclamé hérétique; sinon il faut choisir entre la *papauté* et le *suicide* : ainsi parle la loi vivante.

Cette prétention, vraiment exorbitante en tous temps, n'est aujourd'hui qu'une illusion puérile ou un leurre dangereux pour les faibles; dangereux même pour ceux qui se proclament *forts*, car beaucoup d'entre eux y sont pris. Voyons donc comment le révélateur-protée glisse et s'échappe sous la main de la logique.

On avait besoin de l'*incarnation* et de la *présence réelle*, on a oublié pour un moment le *panthéisme* pour le *catholicisme*; mais, dans cette parodie de l'église du Christ, on a omis avec soin le *Saint-Esprit* descendu sur les *douze* apôtres, toujours parce qu'on n'avait besoin que de Jésus et de saint Pierre. On a donc retrouvé *Jésus* et *Pierre*. Jésus c'est *Henri Saint-Simon* et Pierre c'est *Olinde Rodrigues*. *Tu es Petrus, et super hanc petram œdificabo Ecclesiam meam.* Ainsi il est convenu que Saint-Simon doit être *tout entier* en quelqu'un ; or où habite-t-il, si ce n'est en son disciple *unique*, qui a reçu le don de la transmission divine ? *Et verbum caro factum est, et habitavit in nobis.* Voulez-vous donc savoir où est la vérité, où vit Saint-Simon, où se trouve la *vraie doctrine?* Regardez bien. Olinde Rodrigues est assis à mes côtés, et il m'a donné l'*onction de sa grâce......* Oh! il n'y a plus de doute, et celui qui *nie* encore est tombé dans l'hérésie et dans l'impuissance.

Décidément, après cela, il n'est plus possible de songer à la *papauté*, et si vous voulez être quelque chose, il faut être *révélateur*.

Révélation ou suicide ! deuxième dilemme de la loi vivante, qui, en matière d'orthodoxie, est intraitable et peu fidèle à sa méthode d'*accommodement universel*. Eh bien ! moi qui veux vivre et n'ai point goût au suicide, me voici devenu *révélateur;* ainsi ont fait plusieurs d'entre nous qui n'avaient pas encore envie de mourir; nous possédons par conséquent en ce moment un assez bon nombre de tout petits *révélateurs*.

Je révèle donc, et je demande qu'on m'écoute. Mais patience ! Tant qu'il fallait combattre le *protestantisme*, on a bien ri de sa maladie d'*interprétation*, de sa ténacité subtile à tout chercher et à tout découvrir dans la *révélation chrétienne;* maintes fois aussi l'on a blâmé le catholicisme de son orthodoxie *exclusive;* ces deux dogmes cependant sont d'un excellent usage lorsqu'on a devant soi une prétention de *nouveauté* et d'*invention* : prenons donc l'un et l'autre et confisquons-les à notre profit; ne sommes-nous pas venus pour concilier le protestantisme et le catholicisme? Et là-dessus on s'écrie : *Hors de Saint-Simon*, *point de salut;* mais (rassurez-vous, hommes de la liberté), si hors de Saint-Simon il n'est point de salut, c'est qu'il *n'est rien en dehors de Saint-Simon. — Tout est en lui*, *tout est par lui*, *tout est lui* (1). Il y a donc place pour chacun et salut pour tous; et avec cela, on est ferme et inébranlable devant une révélation quelconque.

----

(1) « L'homme sans doute est en Dieu, il est *Dieu lui-même* dans l'or-
» dre fini. » *Exposition*, 2ᵉ vol., chap. VIII. p. 103. — On voit que l'application faite ici n'a rien d'outré. Le révélateur, ce qu'il y a de plus grand

Révélateurs, arrivez donc ! — Disciple bien-aimé, ma révélation porte sur plusieurs points dont *notre maître commun* n'a pas dit un mot, entre autres la *loi du mariage*. — La loi du mariage ! impossible de révéler là-dessus ; nous n'avons plus qu'à *continuer*, et vous savez que c'est *Enfantin qui continue*. Saint-Simon, s'il n'a rien écrit, a tout dit à son disciple avant de mourir ; il lui a annoncé que l'*individu social* c'était l'homme et la femme : parole en soi tout-à-fait incontestable, car je l'ai entendue, et je suis le dépositaire du troisième et dernier *testament*.

Le Révélateur malgré lui ne conteste ni la parole ni le testament, mais il insiste et affirme qu'avec une telle élasticité d'interprétation, il aurait été possible de tirer la nouvelle loi de mariage de l'Évangile, voire même du *Télémaque* : car tout est *dans tout*, et le livre de Fénélon surtout a été, pour l'application de cette maxime, un champ bien fécond. Le novateur ajoute du reste que Saint-Simon ayant dit de rendre à *chacun suivant ses œuvres*, il serait bon de n'attribuer à un révélateur que ce qu'il a *explicitement* et *catégoriquement* révélé. — D'accord, répond alors le disciple fidèle, mais aussi Saint-Simon a tout révélé et tout expliqué, car il a trouvé ce qui explique tout : LE PROGRÈS. — C'est ici qu'il faut s'incliner et retomber dans l'*unité*. Et aussitôt rentré, vous avez le plaisir d'apprendre que vous n'étiez jamais sorti, parce que, dans la doctrine du progrès, il n'y a pas d'hérésie.

En voyant où nous en sommes venus, reconnaissez que l'arbre a porté son fruit, et ne vous étonnez pas si l'on m'ap-

---

dans l'*ordre fini*, doit être, dans cette sphère, ce que Dieu est lui-même dans l'*infini*. Qu'on réfléchisse à cette identification des deux ordres, et l'on aura la clef de toutes nos aberrations !

pelle révélateur ou pape, mais surtout *hérétique*. Malheureusement en citant à moi-même mes propres paroles, on pourrait dire : C'est toi qui l'as voulu. Mais qu'importe? il est
toujours temps de reculer devant l'absurde. Que du haut de
la chaire catholique, après huit siècles de développement et de
puissance, et surtout après que plusieurs conciles eussent ar-
rêté et formulé le dogme de l'*incarnation*, Hildebrand parlât
un tel langage, on le conçoit et on l'admire en considérant le
caractère du temps et l'esprit de la religion catholique; mais
aujourd'hui et dans les circonstances actuelles du saint-simonisme, une si terrible orthodoxie! c'est vraiment prodigieux.
Aussi ai-je pris le parti d'en plaisanter ; ce ton m'est assez
naturel, et la gaieté est chose permise entre nous, vous le savez,
tant que le fiel et l'aigreur ne percent pas ; mais, en tout cas, celui dont je m'égaie le plus en cette occasion, c'est de moi-même.
Lisez une sorte de synthèse du saint-simonisme que j'ai écrite
l'année dernière (1), vous y trouverez, en formules que plusieurs ont admirées, tout cet échafaudage de *catholicisme
mobile* que quelques mots suffisent pour renverser. Après une
certaine *Lettre à Théophile*, insérée dans l'*Organisateur*, je
vous donne ce morceau comme un des rêves les plus fantasti-
ques que saint-simonien ait jamais rêvés ; remarquez surtout le
discours *fabuleux* que j'ai mis dans la bouche de Saint-Simon,
et qui, heureusement pour lui, n'est sorti que de la mienne.
Dans un naïf enthousiasme de prosélytisme, je cherchais à
faire de la poésie ; et j'avais à cœur de prouver que je n'étais
pas un homme exclusivement raisonnable ; je ne l'ai que trop
bien prouvé, et l'on m'a glorieusement glorifié. Mais aujour-
d'hui je veux rendre à la réalité ce qui est à la réalité, car il

---

(1) *L'Enseignement central*, broch. in-8°.

n'est rien de si dangereux que la poésie qui sert à *instituer des pouvoirs*.

Que le ton léger de ces aveux ne vous effraie pas: avec de la bonhomie, on fait bien mieux son devoir d'*apôtre* qu'en revêtant, mal à propos, l'aube pontificale. D'ailleurs, avant d'arriver à l'allure dégagée que vous me trouvez aujourd'hui, j'ai passé par une crise douloureuse; et lorsque j'ai songé aux actes sociaux que nous avons consacrés et au sort des enfans que nous avons osé adopter lorsque nous étions encore nous-mêmes au berceau et à la nourrice, j'ai senti sur ma conscience quelque chose de plus grave encore que des écarts d'imagination. A cet égard, je me suis accusé et j'ai accusé; j'ai déjà fait une partie de mon devoir: quand le temps sera venu, je serai prêt à l'achever.

Allez, mon ami, il y a bien de l'avenir dans l'aveu loyal et facile de ses erreurs passées, et si tous les saint-simoniens osaient faire aujourd'hui comme moi, le temps de notre grandeur réelle serait venu. Ce sont les grosses secousses qui renouvellent la vie, et d'ordinaire elles ne font oublier du passé que ce qui ne fut pas vraiment bon. Or, Dieu merci, il nous en reste beaucoup plus à conserver qu'à effacer; et chez moi-même, qui m'accuse, je sens au fond du cœur plus de satisfaction que de repentir. S'il n'en était pas ainsi, peut-être n'aurais-je pas le courage d'être si franc.

Ainsi je ne veux pas renier notre passé; en face du monde qui nous accuse et nous calomnie, je pourrais justifier toutes nos idées, même nos erreurs, et je défendrais tous les hommes qui sont et qui furent saint-simoniens. Mais devant vous, dévoué comme nous à une grande œuvre sociale, devant les saint-simoniens qui sont toujours les apôtres de l'humanité et les hommes de l'avenir, je dois être, comme devant moi-même, prodigue d'humilité et avare de louange.

(45)

Ne craignons pas de dépouiller de ses oripeaux et de sa grandeur empruntée l'œuvre réelle et solide que nous avons
faite en religion, en politique, en morale même. Nous pouvons supporter le regard sévère du dévouement et de la raison, car nous avons beaucoup et bien travaillé pour nos
semblables et nous ne sommes pas près de faire halte en che-
min. C'est au nom de Saint-Simon que la plupart d'entre
nous sont revenus à Dieu, à l'espérance, à la foi en l'avenir;
c'est au nom de Henri Saint-Simon que nous avons reçu
et pris une mission dans le monde, et que nous avons annoncé aux hommes le règne de la paix et du travail, l'é-
mancipation définitive de la classe la plus nombreuse et la
plus pauvre. Que le nom de Saint-Simon soit toujours saint
à nos yeux. Ah! nous pouvons ôter le voile mythologique
qui couvre sa face pleine de vie et de sérénité, et elle
dominera encore tous les rois de la terre. Aujourd'hui l'humanité veut voir et toucher ceux qui lui portent de bonnes
paroles; et lorsqu'elle a senti le *grand homme* si voisin
des plus humbles par ses faiblesses et ses erreurs, elle trouve,
par ce rapprochement même, plus de force pour l'admirer et
plus de charme à le suivre.

Courage donc! une nouvelle carrière s'ouvre devant nous.
Nous sommes tombés de haut; mais nous sommes retombés
sur nos pieds et sur terre; je le sens déjà, notre marche
n'en sera que plus libre et plus ferme. Puissiez-vous bien saisir comment, dans le mouvement qui commence, ma position exceptionnelle et solitaire n'est ni une hérésie, ni une
papauté, ni une révélation; mais bien tout simplement un
poste à moi très-convenable et où je m'efforcerai d'être utile
à tous! En ce moment, je suis le seul des membres du collège
qui n'appartienne ni à l'un ni à l'autre des deux *camps* divisés; et je vous le dis avec douleur, *camp* est ici le mot pro-

pre. Je parlerai un langage interdit à tout autre, car je suis
des deux côtés, en quelque sorte, également *lié* et *délié*, position qui me permettra de rester fidèle au troisième sentiment
exprimé par la devise placée en tête de ces feuilles, *véracité*.

Cependant je ne me bornerai pas à un rôle d'impartialité
qui ne serait qu'un signe de faiblesse et d'impuissance ; à l'*ex-
térieur*, mon action sera de maintenir ce qui est acquis, de
hâter, par toutes les voies, l'avénement politique des idées
saint-simoniennes, de continuer, selon ma forme populaire,
à préparer l'opinion publique. A l'*intérieur*, j'essaierai de toutes
mes forces d'arrêter le mouvement commencé par Enfantin ;
j'appuierai de mes travaux les efforts faits pour reconsti-
tuer sous une forme meilleure l'*autorité* et la *liberté* ; mais,
avant tout, je me sens pour le moment la mission de travailler
solitairement et de revoir entièrement la doctrine. Vous dire
comment je conçois ce travail et quelles vues d'avenir je me
propose de développer, ce serait anticiper. Cette tâche d'ailleurs surpasserait mes forces actuelles. J'aime mieux attendre
un résultat digne de l'œuvre que nous avons à accomplir :
A fructibus eorum cognoscetis eos. Nous avons assez fait
de promesses. Si à force de soins, de travaux et de bonne
foi, je finis par produire quelque chose d'utile, j'aurai justi-
fié la position que je prends. Si je m'évertue en vain, et que
d'un autre côté je sente l'avenir, je rentrerai avec bonheur
au sein de l'*orthodoxie*, lorsqu'il y aura une orthodoxie. Je
suis de ceux qui font consister leur gloire, leur orgueil, à
prendre en toute chose la position la plus évidemment désinté-
ressée et la plus favorable à l'amélioration de la condition humaine sur la terre, à l'émancipation du génie, au bien-être
de tous ; je suis de ceux qui cherchent toujours le grand et le
vrai pour s'y donner en toute foi et en toute sincérité, avec leurs
vices et leurs vertus, leur faiblesse et leur force ; mais je n'ai

jamais transigé facilement de ma *volonté* et de *ma personne* ;
c'est pourquoi ceux qui voudraient avoir bon marché de l'humanité m'ont toujours accusé d'orgueil et d'individualisme;
je leur renvoie l'accusation, jusqu'à ce qu'ils aient trouvé un
seul être humain se plaignant que j'aie exploité sa faiblesse à
mon profit, ou que j'aie quelquefois fait sentir une supériorité
usurpée et mendié de la puissance. Le rôle que j'ai choisi justifie ce sentiment beaucoup mieux que toute autre situation
de ma vie. Avec un caractère flexible et sociable, j'ai voulu
être seul; je l'ai voulu obstinément, malgré des liens puissans
qui me rattachent encore à presque tous les membres de la famille divisée, et pour cela j'ai sacrifié mes intérêts secondaires,
mes affections personnelles et une sorte d'existence physique
qui avait du prix à mes yeux, parce qu'elle me permettait de
ne point briser ma vie et de consacrer tout mon temps à notre
œuvre. Un intérêt plus fort parlait en moi, celui des hommes
auxquels j'ai promis, au nom de Dieu, l'*association* et la
liberté.

Voici donc, mais d'une manière bien générale et bien imparfaite, l'exposé de notre situation présente et l'histoire de
ce qui l'a produite. Maintenant que vous êtes éclairé, voyons
quel parti vous devez prendre pour le progrès de l'humanité
et pour le vôtre.

Vous avez raison, mon ami, de vous désoler et de vous
effrayer de ce qui se passe. Nos idées politiques avaient été
grand train; les événemens du jour y conduisaient tout

droit ; c'est dommage, sans doute, qu'au moment de notre plus grand éclat nous soyons réduits à faire une sorte de chute. Cependant il faut avouer que nous n'étions pas en mesure d'agir ; et, sous ce rapport, il vaut mieux que la division ait eu lieu plus tôt que plus tard, comme on dit en langage vulgaire. Jusqu'ici nous avions marché d'une manière vraiment miraculeuse : accord, amour, unité, tout allait au mieux ; mais, vous le sentez, il était impossible que, par l'action d'hommes si étroitement serrés les uns contre les autres, et enclins par conséquent à s'isoler et à se trancher par rapport au milieu social qui les entoure, il résultât un mouvement d'association large, plein, et de nature à satisfaire toutes les sympathies.

Nous nous endormions à la fumée de notre propre encens ; la société extérieure, impuissante à lutter contre nous, ou préoccupée d'autres intérêts, ne pouvait contribuer à nos progrès. Aujourd'hui voilà la division du travail établie dans notre sein. C'est d'abord un chaos ; mais avant la création, le chaos. Je vous le dis, les grands jours vont venir.

Dans ce local étroit de la rue Monsigny, nos individualités se froissaient, s'annulaient, s'étouffaient ; la phase où nous entrons doit faire cesser ces froissemens et développer le caractère et les aptitudes de chacun de nous. Or la meilleure manière de produire les individualités, à l'origine d'une hiérarchie et dans une époque de transition, c'est qu'elles se posent et se prononcent elles-mêmes ; nos rapports avec nos supérieurs ne peuvent pas être des rapports du *contenant* au *contenu*. Assez de cette géométrie sympathique, qui n'est au fond que de la mauvaise logique fondée sur un indigne sentiment de la liberté humaine.

Vous n'avez encore entendu la parole saint-simonienne que comme un lourd monologue reproduit et récité avec quelques variantes par une douzaine de voix. Nous étions tous d'accord, parce que nous rendions tous le même son ; et nous ne trouvions autour de nous que l'ennui et l'uniformité, car en association comme en musique , le plus plat de tous les accords, c'est *l'unisson*. Maintenant vous allez entendre le *dialogue* saint-simonien ; le drame commence ; l'action va se nouer et le dénouement sera l'association universelle.

N'oublions pas cependant que si nous touchons aujourd'hui à l'aurore de cette vie nouvelle, nous en sommes redevables à l'unité compacte qui s'est maintenue parmi nous, tant qu'il s'est agi de prendre position devant le monde. C'est là une gloire réelle d'Enfantin et de Bazard, et le véritable bienfait de leur gouvernement; ils ont vaincu la *conspiration du silence* et mis dans toutes les bouches, pour l'injure comme pour la louange, le nom de Saint-Simon et ses immenses prétentions. A d'autres temps, d'autres moyens. L'apostolat chrétien a commencé sans association et sans gouvernement; alors n'existaient point les routes en fer, les bateaux à vapeur, les voitures publiques, ni le journalisme aux cent bouches, ni la publicité des assemblées législatives. Mais nous, il nous fallait lutter contre toute la puissance de la civilisation moderne; et toute cette force, aveugle et hostile comme aux temps anciens, travaillait contre nous par ses injures, ses calomnies, ses lazzis, nous opprimant même de son silence ; et ces savans, ces artistes, ces industriels, ces journalistes, tous ces hommes, les *salariés* de l'oisiveté, que nous venons associer et émanciper, ils employaient leur talent, leur science, leur richesse, leur influence morale, à nous écraser au berceau ! En demeurant isolés, nous serions restés à toujours obscurs, ignorés, sans consistance; nous nous sommes unis, et au bout de deux années, notre foi et notre audace ont triomphé de tous ces obstacles. Nos principes politiques ont envahi la presse et la tribune; partout les masses de prolétaires sont venues donner à nos paroles une terrible confirmation ; la vieille société s'est sentie ébranlée sur ses dernières assises, et le vieux pouvoir nous a menacés de ses juges et de la consécration mystérieuse que Dieu donne aux prophètes lorsqu'on les assimile aux malfaiteurs ; on cherche à se défendre contre nous. Maintenant nous pouvons songer à autre chose; nous en avons fini avec l'*autre ancien régime*, l'ancien régime de la propriété oisive, il n'est plus question que de fonder la société nouvelle.

Pour bien apprécier la phase actuelle, il est bon de se reporter au développement du christianisme. Après la mort du Christ il y eut plusieurs et de longues années d'apostolat, alors la hiérarchie était à peine tracée ; puis vint le temps des pères et des grands travaux de l'église ; et enfin l'époque de Grégoire VII. Nous avons voulu aller trop vite et commencer par où les chrétiens n'ont pas pu finir, par la monarchie universelle. Cette erreur doit être attribuée à l'abus des *a priori;* c'est là en effet l'écueil de la manière toute méthodique dont nous alignons l'histoire et de la conscience que nous avons acquise de la loi du progrès.

En effet, si cette conscience *réfléchie* de l'histoire et de son mouvement est un guide puissant, elle a aussi pour défaut d'encadrer l'esprit dans la rigide formule et d'arrêter la spontanéité humaine. Rien ne détruit l'originalité comme l'habitude de l'analogie; nous l'avons bien prouvé par notre exemple.

Nous avons songé à copier Grégoire VII au moment où l'apostolat commençait à peine. L'apostolat, c'est ce que nous avons fait depuis juillet : prédications, enseignemens, missions. L'époque où nous sommes maintenant me paraît être l'analogue de celle des pères de l'église ; époque qui sera féconde en travaux d'élaboration et en développemens de tout genre, époque très-favorable à la transfusion et à la transformation des autres sytèmes politiques et philosophiques, dans le nôtre. C'est là, véritablement, ce que nous pourrons appeler des travaux de perfectionnement. Nous nous sommes fait un auditoire, l'humanité a les yeux sur nous, elle prend intérêt à nos actions, elle est sollicitée, excitée; nous pouvons nous développer en face du monde et puiser dans notre contact avec lui de puissantes inspirations. Cette phase d'élaboration publique, *coram populo* pour ainsi dire, ne ressemble pas du tout aux travaux intimes faits par Bazard, Enfantin, Rodrigues et le collége, jusqu'à la révolution de juillet; je trouve qu'on a eu tort de vouloir présenter ces travaux comme l'analogue de ceux des pères. Avec les *Lettres d'Eugène* et les deux volumes d'*Exposition*, nous serions de bien mesquines gens, en face des saint Augustin, des saint Chrysostôme, des Origène, des Tertullien. Les *essais de réalisation* que nous avons faits peuvent se comparer, en suivant la même analogie, aux premières communautés établies sous l'influence de la fraternité chrétienne; elles manquèrent parce qu'elles étaient prématurées et anticipées. Les nôtres vont manquer, je le crains, par la même raison.

Toutefois ne prenez ces comparaisons historiques que pour ce qu'elles valent. J'ai choisi mes exemples dans le développement de la société catholique; j'aurais pu les choisir aussi bien dans la société féodale, car nous voulons organiser le temporel et le spirituel. L'histoire est un guide à consulter souvent; mais il y a quelque chose de plus réel et de plus fécond que la vue du passé, c'est le sentiment profond de toutes les douleurs du présent et la ferme volonté d'améliorer ce qui est mal. Dieu n'a pas renoncé à faire du neuf en ce monde ; nous devons nous trouver dans des situations qui n'auront d'analogie avec les époques du passé. Eh bien ! au lieu de copier et de calquer, nous innoverons ; avec la bonne foi et le courage pour boussole, et pour but, l'amélioration morale, intellectuelle et physique de la classe la plus nombreuse, nous ne manquerons jamais à notre œuvre et Dieu ne nous manquera pas.

Qu'allons-nous donc faire à présent? continuer à remuer le monde; perfectionner notre morale, notre religion, notre politique; donner du corps et de la substance à nos plans industriels; poser les bases de notre encyclopédie; lier, ordonner, hiérarchiser les fonctions, afin de pouvoir lier, ordonner, hiérarchiser les fonctionnaires, et donner à chacun sa place; appeler à nous, chacun selon sa direction individuelle, toutes les capacités; annoncer au peuple la bonne nouvelle, le moraliser et l'instruire; tâcher d'arriver aux assemblées législatives et nous introduire par tous les pores de la vieille société.

Une fois lancés dans cette voie, nous pourrons nous entourer d'une immense clientèle; et alors banques, maisons d'ouvriers, maisons d'éducation, temple, culte, nous pourrons songer à tout; car nous aurons de la puissance morale, des hommes forts, des capitaux, une doctrine bien compacte; des travaux généraux et spéciaux, sur l'industrie, la science, les beaux-arts, etc. Mais pour aujourd'hui, travaillons et replions-nous un peu sur nous-mêmes; car sous tous les rapports nous sommes pauvres, très-pauvres; et en toute chose, nous nous trouvons réduits à cette douloureuse contradiction de *luxe* et *indigence!* Nous sommes des rois sans royaume, des pontifes sans pontificat, soyons plutôt des apôtres; semons, semons autour de nous, le temps de la moisson n'est pas encore venu.

Deux mots avant de clore, sur la conduite que vous avez à tenir en face du monde et envers les deux pères Bazard et Enfantin; sur votre rôle comme *apôtre* de Mulhouse.

Vous allez avoir de rudes assauts à soutenir, il faut vous y préparer. On ne sera pas fâché de trouver chez nous des armes contre nous-mêmes. Ne vous effrayez pas ; rappelez les premiers temps du christianisme ; montrez le caractère nouveau de ces dissidences qui se reconnaissent et se classent les unes les autres par rapport à une œuvre identique, l'*association*. Faites bien sentir comment, dans ses imperfections mêmes, notre doctrine est supérieure aux diverses opinions de notre époque.

Quant à votre conduite envers les anciens chefs de la hiérarchie, vous devez écouter avec attention l'un et l'autre ; vous tenir en garde contre les préoccupations réciproques, et ne pas trop vous presser de prendre un parti. Demeurez calme et ferme. Chacun vous dira avoir la vie, et moi je vous dis que les hommes ne vivent pas tant qu'il ne sont pas d'accord !

Chacun affirmera que la *légitimité* est de son côté, et moi je vous dis que, dans la crise qui vient de se passer, il n'y a pas eu de *solution* saint-simonienne ; car il n'est rien au monde de moins saint-simonien que la lutte et l'antagonisme. Nous sommes en *révolution*, et, sous le rapport théorique aussi bien que sous le rapport pratique, nous avons une *hiérarchie* à recommencer. C'est là ce que je vois de plus net dans notre position.

Tout ceci ne doit en rien déranger les travaux que vous avez entrepris ; avant de donner à Mulhouse tout ce que je vous ai donné, vous pourrez parler long-tems. Si vous m'aimez, suivez mes conseils ; au lieu de vous désespérer, réjouissez-vous ; le moment est venu pour nos villes de province de se manifester. Vous avez la vie, vous avez un but, je coupe vos lisières. Marchez l'œil fixé sur nous et sur le milieu auquel vous vous adressez ; parlez, enseignez, disposez à l'association hommes et femmes de toutes classes ; formez votre puissance morale ; organisez suivant votre localité ; ne restez point passifs et inertes

comme des soldats autrichiens attendant le commandement.
A mesure que tous ces noyaux de famille grossiront, Paris se
perfectionnera, et lorsque nous sentirons remuer autour de
nous quelque cent mille hommes, alors les apôtres venus de
tous les points de la France, à l'occasion de quelque grand événement, se réuniront en *concile*, en *convention*, et la véritable unité, la véritable hiérarchie se formera. Jusque là nous
ne pourrions faire qu'une hiérarchie domestique ou un
gouvernement de sacristie ; les provinces n'auraient aucune
vie, aucune liberté , elles marcheraient en aveugles. En
voulant avant le temps monter sur des échasses , nous ne
serions que des héros de théâtre et des personnages de co-
médie. Il faut des masses au génie social pour qu'il sente la
vie ; l'atmosphère de la coterie l'empoisonne; il veut vivre en
pleine humanité.

En attendant le grand mouvement de la circonférence au
centre, en attendant même la fondation du véritable centre,
considérez Paris comme un point de mire, une sorte de
gouvernement provisoire auquel vous devez en appeler, mais
qui ne peut ni ne doit avoir votre foi entière. En quoi faisant,
vous serez libre, franc, sincère , alerte ; sans cesser d'être dévoué et reconnaissant.

Mon ami, voilà comment j'aurais voulu être votre père,
et comment moi j'aurais voulu être fils, si l'écart de nos
chefs suprêmes n'était pas venu changer ma direction.

Après tout ce que je viens de dire, il est inutile d'ajouter que
la question entre vos deux chefs n'a pas été seulement une
question de personne, et que ni l'un ni l'autre ne devait céder:
au lieu de dévouement, c'eût été faiblesse. Il en est de même
des membres du collége. Ils ont pu hésiter devant un avenir
incertain en lui-même, sans renier leur passé; convaincus de
l'excellence relative de la doctrine, ils ont pu de bonne foi

sentir la nécessité de perfectionnemens nouveaux et chercher
à se placer dans la situation la plus favorable pour l'accomplissement du progrès. Sans doute, nous avons donné un grand
scandale au monde, et bientôt peut-être vous verrez qu'il
est encore plus grand que vous ne pensiez; mais nous n'avons
pas promis d'être parfaits, et les vrais humains, comme je vous
l'ai dit, ne sont pas ceux qui ne faiblissent jamais, mais bien ceux
qui mettent leurs erreurs à profit et pour l'humanité et pour
eux-mêmes. Placez-vous à ce point de vue, et vous demeure-
rez toujours au dessus du scandale ; vous n'en donnerez point
vous-même, et vous réparerez celui qui aura été donné par
d'autres. Négligez les surfaces et allez au fond. Il ne manque
point parmi nous d'hommes qui sont restés accrochés à une
foule de menus détails de vie domestique, de sentimens
personnels ! A les entendre nous serions bien étroits et bien
mesquins, mais j'ai foulé aux pieds tous ces commérages, et,
sans me perdre dans l'*infiniment petit*, je me suis attaché à ce
qu'il y avait de grand et de social dans chaque fait et dans
chaque personnalité. Envisagée ainsi notre vie individuelle a
une valeur que je lui conserve de grand cœur. Si l'on s'était toujours souvenu que nous sommmes venus au monde pour faire la
morale, la religion et la politique de l'humanité nouvelle, on eût
négligé beaucoup de petitesses individuelles. Chacun de nous en
ayant sa bonne part, le mieux eût été de faire de nos faiblesses,
de celles de nos pères, un fonds commun (le fonds commun
de la misère humaine !) et de ne tenir compte que de ce qui
était bon : en demeurant sur ce terrain, on en trouve encore
plus qu'il ne faut pour justifier la division et en faire sentir
la nécessité. *Memento, homo, quia pulvis es.* Il n'est pas
mal quelquefois de se ressouvenir de Jésus et des sublimes
paroles de son église.

Je vous ai dit ces dernier mots, afin de vous donner la vérité tout entière ; prenez-la comme elle est venue, cœur ouvert et plume courante; et, de tout ce que vous avez entendu, tâchez de tirer quelque chose de net et de précis. Je vais m'occuper de présenter mes idées d'une manière plus ferme, plus étendue, et d'entrer au fond des questions; mais avant de continuer directement dans la voie saint-simonienne, je veux m'arrêter devant un homme inconnu encore qui me paraît avoir apporté une grande et belle part à l'œuvre de l'avenir : cet homme est *Charles Fourrier*, de Besançon, auteur de la *Théorie des quatre mouvemens*, publiée en 1808, et du *Traité d'association*, publié en 1822. La valeur du système exposé dans ces ouvrages a été fort mal appréciée jusqu'ici, même par les saint-simoniens. J'avais promis aux disciples de rendre hommage et justice à leur maître, et de réparer la faute des hommes du progrès, je vais le faire aujourd'hui que je suis plus libre. Mon premier écrit sera donc un examen détaillé du système social et cosmogonique de Charles Fourrier. Je n'ignore pas qu'en prononçant ici ce nom je puis diminuer et même détruire, sur un grand nombre d'entre nous, l'effet de cette lettre; mais je ne sais pas reculer devant un devoir pour obéir à un préjugé. — Attendez patiemment.

A vous et à tous,

JULES.

Paris, 20 décembre 1831.

EVERAT, imprimeur, rue du Cadran, N° 16.

Déclaration de Jules Lechevalier,

EX-MEMBRE DU COLLÉGE DE LA RELIGION
SAINT-SIMONIENNE.

AUX SAINT-SIMONIENS.

Par une circulaire datée de Paris (22 novembre), le membre du Collége, directeur du *Globe*, a fait savoir aux membres de la famille Saint-Simonienne résidant dans les départemens la transformation nouvelle de la HIÉRARCHIE qui aujourd'hui encore subsiste, sous l'autorité souveraine du P. Enfantin, pour une grande partie des hommes primitivement ralliés sous l'autorité de *deux chefs unis*, Bazard et Enfantin.

Je dois déclarer que je n'accepte en aucune façon les termes de cette circulaire.

J'étais en mission à Metz à l'époque du premier changement qui s'est opéré, et je ne puis compter par conséquent au nombre des membres du Collége qui reconnurent alors le P. Enfantin.

C'est dans la réunion générale du 19 novembre que j'ai annoncé la résolution que j'ai prise, et qui me sépare également, mais pour des motifs différens, de l'un et de l'autre des deux hommes auxquels j'ai obéi jusqu'à présent.

Je tiens beaucoup à conserver aux yeux de tous la position INDIVIDUELLE où j'ai voulu me placer, laquelle ne ressemble pas du tout à une *neutralité*. Et puisque l'on a rendu compte de l'état des membres du Collége, à ce titre, j'aurais désiré, pour ce qui m'est personnel, plus de netteté et d'exactitude.

Depuis le jour où, sur les plus graves questions de la religion, de la politique et de la morale, j'ai vu s'établir la discussion entre les deux chefs dont nous avions librement et volontairement reconnu l'autorité, j'ai redouté le fait qui arrive aujourd'hui.

Long-temps j'ai vécu dans la confiance qu'il serait possible d'éviter une *séparation*; j'ai tout fait pour l'empêcher ou pour la retarder. J'agissais ainsi en vue de l'œuvre que je regardais comme la plus importante à poursuivre pour le moment, savoir, l'ANNONCIATION au monde de l'ère sociale nouvelle dont SAINT-SIMON a posé les bases.

J'ai travaillé avec ardeur à cette œuvre d'annonciation, et dans l'espace d'une année j'ai porté la parole Saint-Simonienne dans plusieurs départemens de la France. A cet égard, je me trouvais en communion parfaite avec ceux que je nommais mes *pères* et auxquels je conserve encore ce titre, en témoignage de la vie nouvelle qu'ils m'ont donnée; mais sur beaucoup d'autres points de *doctrine* et de *politique pratique*, j'étais loin d'être complétement édifié. Toutefois j'ai obéi par *résignation* tant que j'ai cru mon obéissance utile à l'humanité et à la sainte cause du progrès.

Le jour où cette conviction a cessé, je me suis résigné à un autre sacrifice, et je n'ai pas *médité* long-temps pour l'accomplir.

Le P. BAZARD s'est retiré, entouré de quelques membres de l'ancienne hiérarchie; je ne l'ai pas suivi.

Le P. ENFANTIN continue l'*élaboration* et la *réalisation* de la conception Saint-Simonienne dans une voie que je crois dangereuse et par des moyens que je réprouve de toute mon ame; je me sépare de lui.

Entre nous maintenant il y a une doctrine tout entière: il y a toute la religion, toute la morale, toute la politique; il y a la VIE, la *liberté*, la *dignité* de l'homme.

Il sait, lui qui a vu ma douleur, mon incertitude, mes combats et mes doutes, si, pour le suivre, c'est la *volonté du bien* qui m'a manqué. J'ai vainement lutté contre moi-même; après de longs et pénibles efforts, je cède à l'élan de ma conscience qui me pousse hors du sein de cette famille où tant de liens me retiennent encore. Pour l'amour même de ceux que j'ai appelés naguère, et qui, aujourd'hui, s'empressent autour de moi pour me ramener, je recule devant une responsabilité dont la *mesure* se trouve, hors de *la portée de ma propre volonté*, dans un homme, UN SEUL HOMME! une prétendue LOI VIVANTE que je ne puis deviner et qui ne se laisse point voir à moi tout entière.

Je dois céder, car je n'ai pas, dans celui qui dirige le mouvement nouveau, la foi complète qu'il demande, et j'ai désormais perdu toute espérance d'intervenir *utilement* et *directement* de ma personne pour empêcher ce qui serait mal, ou pour faire adopter ce qui serait mieux.

Mais je ne me retire point à l'écart pour demeurer dans l'*inaction* ou pour abandonner la voie de l'avenir ouverte par SAINT-SIMON et ses disciples. Grâce à Dieu et aux hommes qui, par leurs leçons ou leur exemple, m'ont initié au dévouement, je ne suis ni un lâche ni un apostat.

Je ne suis pas non plus un *protestant* vulgaire, accroché aux textes du maître et arrachant l'avenir à quelques feuilles mortes.

Au nom de Dieu et de l'humanité, J'ATTESTE encore SAINT-SIMON et ses disciples qui ont tracé la route du progrès et de l'association ; mais aujourd'hui que je ne vois plus avec eux ni association ni progrès durable, je CONTINUE et je marche où je sens l'avenir.

De SAINT-SIMON et de ses successeurs, J'EN APPELLE A DIEU et A L'HUMANITÉ......

Il est vrai qu'un doute effrayant s'est emparé de mon cœur au moment où il a fallu prononcer cette audacieuse parole, grosse pour moi de tant de douleurs et de si pénibles travaux; mais ce doute que je bénis aujourd'hui, c'était *la crise du renouvellement*. Me voici maintenant rempli d'espérance et de force, car je vois s'ouvrir une carrière où je pourrai continuer à servir l'humanité sans RENIER les hommes au nom desquels j'ai porté pour la première fois la parole de l'*association universelle*.

Dans la voie nouvelle où je vais entrer, je commencerai par exposer d'une manière détaillée la situation actuelle ; j'examinerai la *doctrine* telle qu'elle a été enseignée jusqu'ici ainsi que les développemens qu'elle va recevoir ; puis je dirai ce que j'accepte du passé et ce que je propose pour l'avenir.

Ainsi, à mes yeux, l'œuvre de SAINT-SIMON n'est point manquée, et nous tous qui lui avons voué notre vie, nous sentons que les grands jours vont venir.

Ce n'est point en un moment et d'un seul jet que peut surgir le mouvement d'association qui se prépare. Aux époques de transformation sociale, une division de doctrine n'est jamais que la division d'un même travail ; et ceci est vrai, surtout pour nous qui connaissons la loi de l'histoire.

Quelles que soient donc les nuances qui nous distinguent, notre vie est toujours un *apostolat* et notre œuvre une *religion* ; nous appartenons à l'humanité.

Tous, sans exception, de tous nos moyens et de toutes nos forces, nous demeurons SOLIDAIRES de ce que nous avons accompli ensemble depuis quelques années ; et si aujourd'hui le *lien hiérarchique* n'existe plus pour quelques-uns, du moins nous sommes encore unis dans le même *désir*, et nous travaillons avec l'espoir de nous rencontrer bientôt.

Pour moi, aujourd'hui plus que jamais peut-être, je veux : l'amélioration MORALE, *physique* et *intellectuelle* du sort de tous ; l'émancipation du *travail* et de la *capacité;* la réalisation progressive et pacifique de l'ASSOCIATION, sous toutes ses formes, dans le *temple*, dans l'*état* et dans la *famille*. A l'accomplissement des magnifiques *promesses* qu'au nom de SAINT-SIMON nous avons faites à l'humanité, je consacre tout ce que je possède au monde, mon travail, ma parole, ma plume, et je sacrifie tout ce qui m'est cher, liberté, famille, amis.

De toute la puissance de bonne foi et de sincérité que je puis avoir en moi, j'adjure ceux à qui j'ai porté la parole Saint-Simonienne de continuer à agir et à préparer l'avenir selon la direction que je leur ai donnée; et dans le grand travail de perfectionnement qui commence, je les supplie de compter ma voix pour quelque chose. J'aurai soin de la faire entendre souvent.

JULES LECHEVALIER,

Rue du Port-Mahon, n° 9.

Paris, le 28 novembre 1831.

Imprimerie d'EVERAT, rue du Cadran, n° 16.

www.ingramcontent.com/pod-product-compliance
Lightning Source LLC
Chambersburg PA
CBHW051719050726
47598CB00003B/960